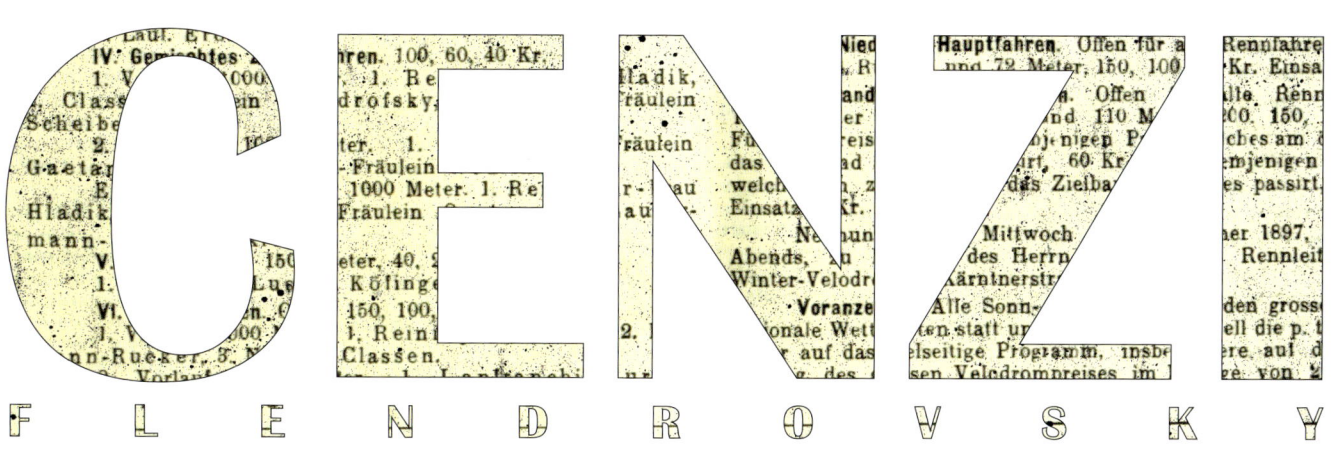

CENZI

FLENDROVSKY

PETRA STURM

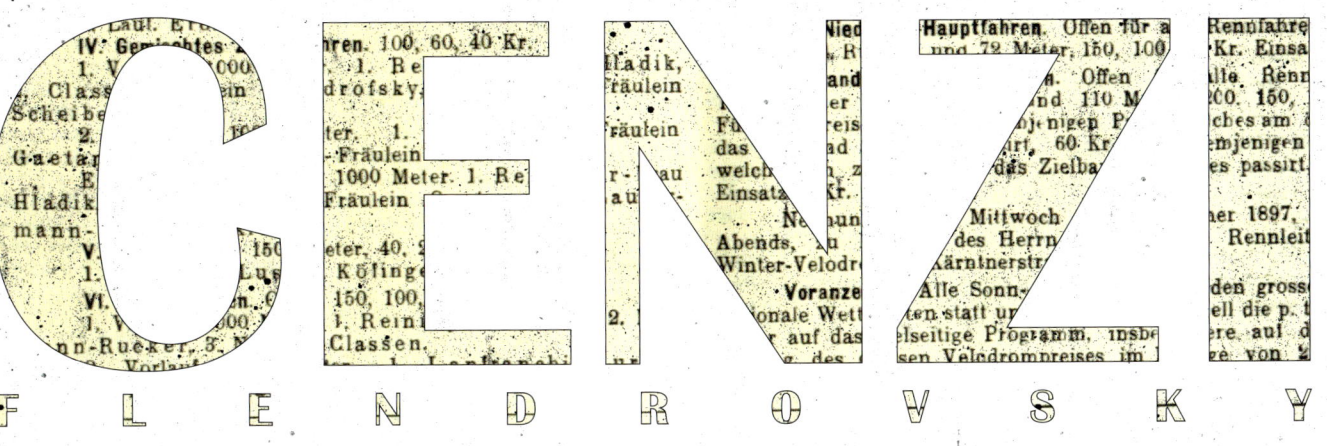

CENZI
FLENDROVSKY

EINE BICYCLE NOVEL

ILLUSTRIERT VON JORGHI POLL

EDITION ATELIER WIEN

VORWORT

»Wir werden heimgesucht von dem, was hätte sein können.«
Avery F. Gordon

Seit sie mir das erste Mal aus einer historischen Radzeitschrift des Jahres 1898 entgegenblickte, hat mich Cenzi nicht mehr losgelassen. Wie kann das sein? Eine junge Frau in Pumphosen am Rennrad sitzend, eine Rennradpionierin, die sich im Wien der Jahrhundertwende in die Pedale tretend über gesellschaftliche Regeln hinwegsetzte – und niemand kennt sie, weder sind ihre Leistungen noch die ihrer Zeitgenossinnen bekannt. Cenzi hat mich geradezu aufgefordert – der englische Begriff dazu lautet *haunted* –, ihre Geschichte zu erzählen und ihr Fehlen in den Annalen der (Sport-)Geschichtsschreibung zu rächen.

Cenzi Flendrovsky (1872–1900) ist eine hartnäckige Wiedergängerin, eine, deren Vergessenwerden Spuren hinterlassen hat und deren Existenz Sehnsucht nach einer alternativen Vergangenheit weckt. Die junge Wienerin stirbt mit 28 Jahren – einem Alter, in dem normalerweise Rockstars sterben – an den Folgen eines Radunfalls. Ihr früher Tod ist schockierend bis schaurig.

Für mich ist Cenzis Geschichte deswegen sowohl ermutigende Heldinnenerzählung als auch düstere, unabgeschlossene Befreiungsgeschichte. Eine Gothic Novel, die einen historischen Moment der Rebellion dokumentiert und auf heutige uneingelöste Geschlechtergerechtigkeit verweist.

Wir können nicht genau wissen, wie Cenzi aufwuchs, welchem Beruf sie nachging, was sie dachte oder was letztendlich der ausschlaggebende Grund für sie war, Radrennfahrerin zu werden. Es gibt keinen Nachlass. Die Alltagsbiografien und Lebenswelten von Arbeiterinnen oder Kleinbürgerinnen wie Cenzi bleiben meistens im Verborgenen. Mit den Quellen, Puzzlesteinen und Zeitungsartikeln, die ich über sie ausfindig gemacht habe, und Vergleichsbiografien von Pionierinnen aus anderen Ländern lässt sich ihr außergewöhnliches Leben als Radrennfahrerin in dieser Erzählung aber rekonstruieren.

Wo die biografischen Feindaten fehlen, halfen auf den folgenden Seiten historische Einordnung, etwas Fiktion und vor allem die Illustrationen von Jorghi Poll, um Cenzis Leben Gestalt zu geben.

Cenzis unkonventionelles Handeln trägt sie über die Zeit hinweg. Ihre Geschichte ist eine rasende Zeitkapsel, ein glühender Komet in Form eines Fahrrads. Cenzis Geist lebt in jeder Radsportlerin und Frau, die heute selbstbewusst auf ihr Fahrrad steigt. In diesem Sinne möge Cenzi Flendrovskys unglaubliche Geschichte jeder Radfahrer*in von heute Rückenwind schenken!

Petra Sturm

Wind ist eine Bewegung der Luft, genauer gesagt: eine Verlagerung von Luftteilchen. Diese Verlagerung wird in der Meteorologie mit zwei Größen beschrieben: Richtung und Geschwindigkeit. In Wien gibt es nur wenige windstille Tage im Jahr. Der Wind gleitet an den Hügeln des Wienerwaldes entlang, beschleunigt sich an der Donau und im Wiental und weht über die Stadt. Für die Menschen, die in ihr unterwegs sind, ist der Wind oft unangenehm. Manchmal haben sie sogar das Gefühl, dass der Wind in Wien immer ein Gegenwind ist, ganz egal in welche Richtung sie sich drehen und wenden. Vor allem dann, wenn man – und ganz besonders frau – sich auf den Radsattel schwingt. Der Luftwiderstand wächst exponentiell zur Geschwindigkeit.

In jenen Jahren kurz vor der Wende zum 20. Jahrhundert zählt Crescentia Flendrovsky, genannt Cenzi, zu den schnellsten Frauen Wiens. Ihr Fahrrad wiegt rund 16 Kilogramm. Es ist kein herkömmliches Fahrrad, keines der Modelle, wie es für Frauen und Mädchen vorgesehen ist, mit gesenktem Oberrohr, damit es mit den weiten Röcken besser bestiegen werden kann. Es ist eine Renn- und Tourenmaschine. Schwarz, stählern und mächtig, ohne Gangschaltung und Freilauf. Die gepflasterten Straßen der Stadt gehören Cenzi, die Parkwege, die sandigen Landstraßen im Wienerwald. Die Rennbahnen vom Prater über Mödling bis Triest, die Velodrome von Wien bis Berlin sind ihr Revier. Cenzi ist Rennfahrerin, davon gibt es zu ihrer Zeit nicht viele. Fahrradfahren ist ihre Leidenschaft, dafür lebt sie und dafür ist sie sogar bereit zu sterben.

EINE BICYCLE NOVEL

Cenzis Vater Josef ist Kaufmann und Besitzer einer Gemischtwarenhandlung. Vermutlich ist er als junger Mann aus Mähren im heutigen Tschechien nach Wien gezogen, um mit Fleiß sein Glück in der Metropole der Monarchie zu machen. Zunächst führt er einen Gemischtwaren-Verschleiß im Stadtteil Erdberg, dann im rasch wachsenden Einwandererbezirk Favoriten, wo die Familie auch wohnt. Laden und Wohnung befinden sich im selben Häuserblock, nur eine gute Minute voneinander entfernt. Am Eck steht ein beliebtes Gasthaus. Das dreistöckige Mietzinshaus ist neu gebaut und mit Stucklöwen versehen, geradeso wie in den Bürgerhäusern in der Innenstadt, nur dass über die Löwen in Favoriten oft graue Rauchwolken hinwegziehen. In kürzester Zeit ist das Viertel herausgestampft worden. Morgens strömen die Arbeiterinnen und Arbeiter in die Fabriken, viele davon fertigen Metallwaren oder Maschinen, sogar eine Fahrradfabrik gibt es neuerdings, weil dem Fahrrad die Zukunft gehört. Die Handwerker arbeiten in ihren Werkstätten, die Bäckereien, Schneidereien und Wäschereien sind beschäftigt, die Händler führen ihre Geschäfte. Pferdefuhrwerke karren Ziegelsteine aus den nahen Ziegelwerken herbei. Am Platz, nur eine Häuserzeile von Cenzis Wohnhaus entfernt, wird eine neue Kirche gebaut. Kaiser Franz Joseph legt den ersten Ziegelstein, der Bürgermeister hält eine Rede. Die große Baustelle wird Kundschaft bringen, hofft ihr Vater Josef. Aufschwung liegt in der Luft. 1897 wird die erste Elektrische Straßenbahn durch die Stadt fahren und das Riesenrad im Prater seine ersten Runden drehen.

So stelle ich sie mir vor: Seit Cenzi vierzehn ist, hilft sie im Laden des Vaters mit. Dabei hat Cenzi Glück gehabt, nach der Volksschule konnte sie vermutlich eine der Bürgerschulen für Mädchen besuchen. Dort lernen Mädchen neben Haushaltsführung auch ein paar Handelsagenden. Denkbar auch, dass sie in anderen Betrieben mit Schneiderei- oder mit Schreibarbeiten aushilft. In der Gemischtwarenhandlung des Vaters bleibt jedenfalls Zeit zum Träumen.

WIEN 1897

Ein paar Monate vor ihrem ersten Rennen schlichtet Cenzi Seifen und Kerzen in Regale, füllt Zucker und Reis in kleine Säcke, schreibt Preisetiketten und bedient die Registrierkassa. Die Kundschaft geht ein und aus und will viel. Wenn Cenzi etwas wirklich will, dann ist das ein Fahrrad. Sie sieht Räder im Prater und auf den Straßen. Die Plakatwände und Zeitungen sind voll mit Fahrradwerbungen. Die eine oder andere Kundschaft lehnt ihr Fahrrad lässig an die Hausmauer neben das Geschäftsportal. Ganz Wien ist im Fahrradfieber, und Cenzi fiebert mit.

Das Fieber erfasst auch ihre Familie. Ihr Onkel, ein Schlossermeister, denkt vielleicht: Mit Fahrradreparaturen verdiene ich Geld, bald baue ich meine eigenen. Ihr Vater überlegt: Mit Fahrradhandel verdiene ich Geld, bald verkaufe ich welche. So kommt es, dass der Vater und der Onkel sich Räder zulegen, weil es modern ist und sie vom Aufstieg träumen. Wer dazugehören will und es sich leisten kann, fährt in der Freizeit Bicycle. Der Vater stellt ein Fahrrad in die gläserne Consum-Auslage. Bald fahre ich damit, denkt Cenzi.

Und warum sollten Frauen nicht alles tun? Ist nicht gerade alles im Aufbruch? Frauen demonstrieren auf den Straßen Wiens für ihre Rechte und verteilen Pamphlete. Die Arbeiterinnen streiken, andere Frauen fordern mehr Bildung, Turnunterricht oder Wahlrecht, bald werden die ersten Frauen studieren, andere wie selbstverständlich die höchsten Berge erklimmen. Und Cenzi wird die Stadt mit dem Rad erobern.

Nehmen wir an, Cenzi gehört zum neuen Typus der sportlichen Frau, der so gut in diese gesellschaftliche Auf- und Umbruchszeit am Sprung zum neuen Jahrhundert passt. Sie ist multisportiv. Auf den vielen Eislaufplätzen der Stadt ist sie kühn, beim Tanzen ausdauernd, Schwimmen hat sie in der Badeanstalt für Frauen gelernt, Fechten kennt sie, dem amerikanischen Trend Rollschuhlaufen gegenüber ist sie aufgeschlossen und Lawn-Tennis würde sie gerne ausprobieren, wäre es kein Oberschichtssport. Diese Sportarten sind Frauen schon zugänglich. Die Landsleute ihres Vaters aus Böhmen und Mähren gelten als besonders sportaffin und in Sportvereinen aktiv.

Und was immer einige Männer – Radfahrer, Journalisten, Funktionäre und Zuschauer – von Damenrennen halten: Es gibt sie, weil es auch Frauen wie Cenzi gibt. Die ersten Rennen sieht Cenzi vielleicht in der Umgebung von Wien, in Mödling, Baden oder Neunkirchen, die dortigen Vereine veranstalten seit 1893 immer wieder Bewerbe für Damen, sogar Meisterschaften. Vielleicht beobachtet sie die Rennen von einem Stehplatz oder von der hölzernen Zuschauertribüne aus. Die Rennfahrerinnen messen sich in Einzel-Niederradrennen, Gemischtem Zweierfahren oder Tandembewerben auf 1000 oder 2000 Meter, die Rundenanzahl variiert von zwei bis vier oder mehr, je nach Größe der Rennbahn.

Cenzi spornt das an, selber aktiv zu werden. Sie will nicht nur Rad fahren. Sie ist fasziniert von den Rennen, die für Männer und manchmal auch für Frauen auf den Ovalen der Trabrennbahnen oder eigens für Radrennen gebauten Freiluft-Rennstätten veranstaltet werden.

Radrennen sind dank des Niederrads so populär wie nie. Alles, was je mit Pferden bestritten wurde, geschieht jetzt per Drahtesel. Jedes Wochenende finden große und kleine Rennen in Wien, dem Umland und anderen Städten der Kronländer statt.

…sittlich ⋯⋯⋯⋯

…n für Frauen:

…acht einen Katzenbuckel

NICHT verzerrt die Geſichtszüge

Gebärmutter liederlich

…RDERT ONANIE

Was gegen Radfahren und Radsport spricht und daran verpönt sein soll, muss man einer jungen Frau wie Cenzi erst erklären, und Erklärungen von unterschiedlichen Seiten gibt es viele.

Unschicklich, gebärmutterschädigend, die Gesichtszüge verzerrend, schreiben abfällig männliche Moralapostel in den Zeitungen. Vielleicht tut die sinnvolle Bewegung in der frischen Luft den Frauen ja gut, meinen die fortschrittlichen Ärzte. Was werden die Leute bloß denken?, fragen die besorgten Mütter. Bloß nicht zu weit, warnen die Großväter. Ist es nicht gefährlich?, fragen die Nachbarinnen. Vielleicht kurbelt es den Verkauf an, überlegen die geschäftstüchtigen Väter. Frauen oder Töchter der Vereinskollegen machen jetzt auch mit, so streng ist das nicht mehr, wenden die sportlichen Onkel ein. Vielleicht lernst du im Fahrradclub jemanden kennen, sagen die Freundinnen. Was ziehst du an?, wollen die Cousinen wissen.

Die herrschende Kleiderordnung ist für Cenzi eines der größten Hindernisse, Rad zu fahren. Mit langen schweren Röcken ist das nicht leicht. Selbst bei den eigens für diese Kleidungssituation erdachten Frauenrädern mit dem tiefen Einstieg. Mit dem Mieder ist es nicht viel anders, mit einem eng geschnürten Korsett lässt sich nur schwer in die Pedale treten, Luft holen noch weniger.

Die meisten Frauen, die sich auf Räder wagen – und es werden immer mehr –, sind in mondänen Fahrradkostümen unterwegs, mit Blusen und kurzen Jacken, auf lange Röcke verzichten sie nicht. Wenn, dann greifen sie zu trickreichen Hosen- oder Überröcken, die von außen wie Röcke aussehen. Sie wappnen sich *comme il faut* mit modischen Hüten gegen die Sonne und Lodencape und Handschuhen gegen Wind und Wetter. Manchmal sind im Prater auch besonders »Emancipierte«, wie sie ironisch genannt werden, in Pumphosen (Bloomers) und Strümpfen zu sehen.

Auch Cenzi weiß von Beobachtungen, Modejournalen und Fahrradbenimmbüchern für die Frau, wie man sich zu kleiden hätte, ohne anzuecken. Als unschicklich gelten will schließlich niemand. Mit dem Rad ihres Vaters scheint ihr die Rockvariante allerdings mehr als unpraktisch, wie soll sie auf den Trapezrahmen aufsteigen oder gar ungestört radeln, ohne dass sich Rockstoff in den Speichen verheddert? Außerdem hat sie sportliche Pläne, wie wir bereits wissen. Sie setzt sich an die Nähmaschine und näht sich eine Pumphose aus robustem Stoff, wie sie sie bei Wiener Schauspielerinnen auf Sonntagsausflügen, Werbeplakaten von Fahrradherstellern und Studiofotos von französischen Radfahrerinnen in ihrer Lieblingsfrauenfahrradzeitschrift *Draisena* gesehen hat. Aus ihrem Mieder, das sie ohnehin wegen der Arbeit im Laden selten eng schnürt, entnimmt sie die harten Teile. Bald wird sie nur noch elastische Mieder tragen und ganz auf jegliches Korsett verzichten.

WIENER MODE

Beilage zum „Bademecum für Radfahrerinnen".
Wien, Leipzig, Stuttgart, Berlin. (Verlag der „Wiener Mode".)

Beschreibungen und Schnittmethoden der abgebildeten Bicycle-Costüme.

Abb. Nr. 1. Costume aus dunkelblauem Cheviot mit Spangen-jäckchen. (Mit Schnittmethoden zum Jäckchen und zum Aermel; verwendbare Schnittmethode zum Rock: die der Nr. 5.) Der Rock kann etwa 3 m weit sein; er besteht aus einem 40 cm breiten Vorderblatt, zwei je 50 cm breiten Seitenbahnen und einer 60 cm breiten Rückenbahn, die bei gewünschter größerer Weite falten zu ordnenden Rückenbahn, die bei gewünschter größerer Weite auch doppelt geschnitten werden kann. Dem Vorderblatte wird etwa 20 cm vom oberen Rande entfernt an beiden Längenseiten Stoff für eine Klappe angeschnitten, die mit Knöpfen an die Seitenbahnen gehalten wird. Diese werden eben-falls etwa 5 cm breiter als gewöhnlich geschnitten, um unter die Vorder-bahn treten zu können. Man fügt diese nicht mit gewöhnlichen verstürzten Nähten an, sondern sie wird an beiden Kanten eingebogen, gesteppt und an die Seitenbahn gesetzt. Ein dünnes Seidenschnürchen umrahmt die Vordertheile und den unteren Rand des Rockes etwa 10 cm von der Kante entfernt. Unter dem Spangenjäckchen kann eine beliebige Blouse aus glattem oder geftreiftem Flanell oder lawn-tennis-Stoff getragen werden, deren Vordertheile, wie dies die Abbildung andeutet, sich gekreuzt übereinanderlegen. Die Rückenbahn hat im Schluffe einen

Wie werde ich Rennfahrerin?

- ☑ **Rennrad auftreiben (Tourenmaschine)**

- ☐ **Gleichgesinnte suchen**

- ☐ **Fahrradclub beitreten**

- ☑ **Fahrraddress besorgen**

  - ☑ **Bloomers nähen**

  - ☑ **Korsett ausmustern**

  - ☐ **Sonstige Sportkleidung:**

    - ☑ **Bluse**

    - ☑ **Mütze**

    - ☐ **Lodenfleck (wetterfester Mantel)**

- ☑ **regelmäßiges Training**

(Gymnastik und Turnübungen zu Hause, kalte Bäder, Ausfahrten)

- ☑ **Fachzeitschriften (für Frauen?) lesen**

- ☑ **Kräftigende Nahrung**

  (Roastbeef, Eier, Himbeeren, Schokolade, Likör)

- ☑ **Auf Konventionen pfeifen**

- ☑ **Mut & Courage zeigen**

- ☑ **für Gleichberechtigung kämpfen**

Fahrradfahren selbst, die elementare Ausübung des »Radfahrsportes«, lernt Cenzi schnell, sie besucht eine der vielen Fahrradschulen in Wien – da ist sie nicht die einzige junge Frau – oder bringt es sich selbst bei. Sie übt in der Gasse und am Sonntag im Prater oder im Stadtpark. Sich aus eigener Kraft schnell und unabhängig auf den Straßen Wiens fortzubewegen, ist zunächst für Cenzi das größte Abenteuer. Die Straßen sind nicht alle einladend, das neue Kopfsteinpflaster, auf das die Stadtverwaltung stolz ist, rumpelt, aber es ist Platz für das Gefährt der Stunde. Die größte Konkurrenz auf den Straßen sind die Pferdefuhrwerke, große Bierkutschen und kleine Einspänner, Fußgänger und Pferdetramways. Abends ist es bis auf die Gaslaternen dunkel. Die ersten Monate am Rad stört sie noch manch Verkehrsschikane, viele Straßen sind für Radfahrende gesperrt oder nur zeitlich beschränkt befahrbar. Sie müssen eine Erlaubnisprüfung ablegen und eine Nummerntafel am Rad montieren. Aber im Frühjahr 1897 wird das Fahrrad durch einen Erlass des niederösterreichischen Statthalters und Fahrradprotektors Graf von Kielmansegg als vollwertiges Verkehrsmittel anerkannt, und es werden sogar neue Fahrradwege angelegt. Bei so viel Rückenwind, was soll den Aufstieg des Bicycles und den von Cenzi noch stoppen?

Cenzi hat ein Rad und sie hat Kleidung für alle Fälle. Was ihr noch fehlt, ist ein Fahrradclub. In Wien gibt es um 1896 über 200 Fahrradvereine. Cenzi tritt im Alter von 24 Jahren einem jungen, frisch gegründeten Verein bei. Er heißt Velocitas. Viele seiner Mitglieder sind Kaufleute oder führen Handwerksbetriebe. Sagen wir, ihr Onkel, der Schlossermeister, hat sie dorthin mitgenommen. Das Clubcafé von Velocitas liegt gegenüber dem Stadtpark. Das gesellige Clubleben ist besser als jeder Tanzabend. Es werden Kränzchen, Ausfahrten, Rennen und Meisterschaften veranstaltet.

Alle im Club sind so fahrradenthusiastisch wie Cenzi. Für die Männer gibt es Preise, gläserne Bierhumpen beispielsweise. Die meisten Frauen im Verein kommen wegen der Radreigen, Lampion- oder Blumencorsos, die gelten als eine für Damen angemessene Form des Radsports und als weiblich. Auch Cenzi dreht sich »anmutig« mit dem Rad in Kreisen und Achtern, übt sich in tänzerischen und kunstvollen Drehungen und Formationen am Drahtesel, schmückt ihr Rad mit Blumen und freut sich über stimmungsvolle Fahrten mit Lampions am Lenker durch die Dämmerung. Nur sind ihr Tanz, Blumengirlanden und Unterhaltung zu wenig, sie will das ganze Programm. Bei den Sonntagsausfahrten rund um Wien nimmt Cenzi an immer längeren Touren teil und radelt stramm und flott vorne mit.

Egal ob Frau oder Mann, wir sind »Sportskameraden« im Sportsgeist vereint, denkt Cenzi, und auf dem Fahrrad sind wir gleich. Und sie radelt weiter und immer schneller.

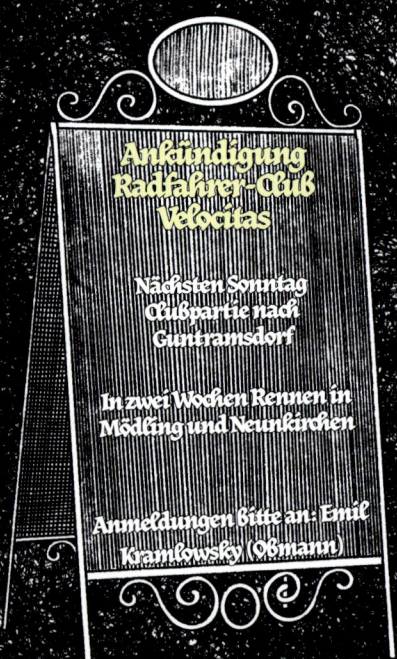

Ankündigung
Radfahrer - Club
Velocitas

Nächsten Sonntag
Clubpartie nach
Guntramsdorf

In zwei Wochen Rennen in
Mödling und Neunkirchen

Anmeldungen bitte an: Emil
Kramlowsky (Obmann)

Die ausgedehnten Touren im Wienerwald weiten Cenzis Bewegungsradius aus, sie mag die körperliche Anstrengung. Dass Frauen nur mäßig weit, mäßig lange, Bergauffahrten meiden und vor allem nicht zu schnell fahren sollen, ärgert Cenzi. Sie fühlt sich stark, kräftig und frei beim Radfahren. Weit über den Lenker gebeugt und kräftig pedalierend fühlt sie sich so schnell wie der Wind.

Warum sollen Ausdauer, Schnelligkeit, Rekorde und Schweiß nur Männern vorbehalten sein?

Gerade ist der Wiener Athlet »Filius« in Athen für Österreich-Ungarn zum Olympiasieg 1896 geradelt und der niederösterreichische Meisterfahrer Heinz Kurz vom Stephansdom zu einer abenteuerlichen Tourenfahrt nach Konstantinopel aufgebrochen. Monatelang haben die Zeitungen und Illustrierten über das legendäre Distanzrennen Wien–Berlin 1893 berichtet. Beim Distanzritt im Jahr davor war das Pferd von Graf Starhemberg nach über 70 Stunden Ritt im Ziel verendet. Der Drahtesel erweist sich als schneller und robuster: Einzig angetrieben durch menschliche Muskelkraft hat er die zwei Millionenstädte in der halben Zeit verbunden. Plötzlich liegen diese nur mehr eine knapp 31-stündige Fahrradfahrt voneinander entfernt, eine Sensation.

Der bayerische Haudegen Josef Fischer hat es mit Holzfällerkraft geschafft und gilt seither als Held. Wie überhaupt all jene Männer, die immer verwegener und immer schneller Städte mit ihren Rädern verbinden und immer längere Distanzen auf dem Radsattel zurücklegen. Radsportler haben Heldenstatus, bei Radsportlerinnen ist das nicht so eindeutig.

Wenn normale Radfahrerinnen schon gegen Vorurteile anzustrampeln haben, dann gilt das für Rennfahrerinnen, die Sportlichsten von ihnen, noch viel mehr.

Cenzi bleibt unerschrocken, trotzt allen Widerständen und trainiert für ihr erstes Rennen. Sie adaptiert den Trainingsplan von Velocitas-Kollegen. Sie variiert die Länge der Ausfahrten und ihre Geschwindigkeit. Treibt zu Hause Gymnastik, stemmt im Geschäft neben der Arbeit Lebensmittelsäcke zu zwei oder drei Kilogramm, schläft zur Abhärtung bei offenem Fenster und nimmt kalte »Douchen«. Daneben hält sie sich an nahrhafte und bekömmliche Kost. Stärkende Hühnerbouillon etwa, ein Schluck Weißwein oder Kola bei Müdigkeit. Sollte sie siegen, verspricht ihr der Onkel, ein Heimtrainingsgerät zu fertigen, wie es schon einige haben.

Die Rennen im eigens errichteten Winter-Velodrom sind Cenzis erster großer öffentlicher Auftritt als Radrennfahrerin. Die Rennen finden anlässlich der Internationalen Sportausstellung Januar und Februar 1897 jeden Sonn- und Feiertag gegen 15 Uhr unter dem imposanten Stahl-Holz-Kuppeldach der Wiener Rotunde statt. Der größte Kuppelbau der Welt ist dampfbeheizt, die Eintrittskarten sind

Cenzi steht in ihrem ersten Einzelrennen in einer Reihe mit fünf anderen Frauen, eine davon startet unter Pseudonym, weil sie um ihren guten Ruf fürchtet. Cenzi tariert vor dem Start ihr Gewicht aus. Es ist wichtig, mit dem richtigen Pedal zu starten und dann immerzu weiter zu treten und stetig zu kurbeln, mit dem eigenen Gewicht zu bremsen, so gut wie möglich, und jede Konfron-

schnell ausverkauft. Die Wienerinnen und Wiener lieben den außertourlichen Messetrubel und die Rennen. Die Organisatoren wissen vermutlich um den Schau- und Unterhaltungswert von Damenrennen und zeigen sich modern. Auch das öffentliche Damenfechten ist populär. In einem Punkt sind sie weniger progressiv: Für die Frauen gibt es kein Preisgeld, sondern Ehrenpreise, gewettet werden darf auf die Damen aber schon.

Cenzi ist aufgeregt. Die Indoorbahn ist kleiner und enger als die großzügigen Freiluftovale, auf denen sie trainiert hat. Die Bahn ist 230 Meter lang, 7 Meter breit, etwas überhöht und leicht geneigt, damit der Schauwert spektakulärer ist, aber nicht so geneigt, wie es schon in Amerika oder England üblich ist. Der Untergrund ist aus glattem Holz.

tation mit einer anderen Fahrerin zu vermeiden. Nach dem Glockenzeichen: Nervenwallung und ein Rausch an Geschwindigkeit, wie sie es noch nie erlebt hat. Das Publikum feuert die Frauen an. Eine Sensation sind Damenwettfahrten allemal. Ihr Vater, ihr Onkel und ein paar Kameraden von Velocitas sind auch da. Hauptsächlich kommen die Schaulustigen aber wegen der männlichen Stars: dem Lokalmatador Maxime Lurion oder dem Helden von Wien–Berlin, Josef Fischer. Die Newcomerin Cenzi steht sieben Mal auf dem Podest, als Zweite oder Dritte, und träumt vom ersten Platz und Konditionen für Rennfahrerinnen wie in Paris, London oder Übersee. Dort sind die Frauen berühmt und können sogar vom Rennradsport leben.

Cenzi ist nicht alleine, sie hat einige Schwestern im Geiste. In Wien und in der ganzen Welt. Sie weiß von den sensationellen Frauenrennen in Amerika und London. Zwischen den Rennberichten der männlichen Radsportpersönlichkeiten, in den Auslandschroniken oder gemischten Nachrichten liest sie davon. Sie hört von der »unvergleichlichen« Lisette und ihren Siegen und den anderen französischen Rennfahrerinnen, die sogar eigene Ausbildungsstätten haben. Sie liest von den Damenrennen in Amerika, wo sich Frauen in sensationellen 6-Tages-Rennen und in extra für sie gebauten Velodromen messen, die sogar steiler als jene der Männer sein sollen. Zwei bis drei Stunden täglich radeln sie dort, verteilt auf sechs Tage, und stellen Stunden- und Streckenrekorde auf. Im Londoner Aquarium sind es sogar 12-Tages-Rennen. In Amerika, Frankreich, England und auch Belgien scheint einiges möglich, unabhängig vom Geschlecht. Die eng anliegenden Wolldressen, die manche dieser Profifahrerinnen tragen, sind in Wien (noch) undenkbar. Es bräuchte professionelle Damenrennen dieser Dimension und solche Rahmenstrukturen für Frauen auch hier, denkt Cenzi.

Vielleicht redet Cenzi mit Lina Wohlbrück, Mizzi Wokrina oder Anna Hladik darüber, so heißen Kolleginnen, die mit ihr bei Rennen starten. Mit der einen oder anderen, sagen wir Mizzi und Anna, den Wienerinnen, die sie vom Winter-Velodrom kennt, hat sich Cenzi auch enger angefreundet. Sie hätte jedenfalls gut daran getan. Der gesellschaftliche Druck ist zuweilen groß, als liederlich will keine von ihnen beschimpft werden. Der neue Dachverband und viele Rennkollegen haben zwar nichts gegen Radsport der Damen an sich, sind aber gegen Rennen. Auch den Sportjournalisten ist nicht zu trauen, was den Rennradsport der Damen anbelangt. Nichtberichten, Häme – oder doch Würdigung? Dass die Frau des bekannten Wiener Fahrradhändlers Brömer-Elmershausen, eine folgsame Reigen- und Saalfahrerin, auf dem Cover der *Radfahr-Sport* abgelichtet worden ist, ist naheliegend, aber dass auch die Wiener Neustädter Rennfahrerin Herma Schredl zu sehen ist, auf deren Bluse unzählige Medaillen prangen, die sie im Damenwettfahren errungen hat, ist ermutigend. Cenzi möchte auch eines Tages mit ihrer Fotografie in einer Sportzeitung abgelichtet sein. Dynamisch, in sportlicher, windschnittiger Haltung auf dem Rennrad sitzend. Den Körper vornübergebeugt, an ihre Rennmaschine geschmiegt, fast eins mit ihr.

Nach den Erlebnissen und Erfolgen im Winter-Velodrom beschließt Cenzi, über Ostern mit anderen Velocitas-Vereinsmitgliedern zum Internationalen Radwettfahren nach Triest zu reisen. Dort werden für Damenwettfahrten noch Starterinnen gesucht, und es gibt Preisgeld. Anna Hladik und Herma Schredl werden auch starten, genauso wie Frau Büchner aus dem nahen Graz. Vielleicht zahlt der Verein sogar einen Zuschuss, den Rest borgt sie sich von ihrem Vater. Er bittet sie im Gegenzug, auf der Rückreise Kaffee und Salami mitzunehmen. Der Südbahnhof mit seiner herrschaftlichen Eingangshalle liegt nicht weit von ihrem Wohnhaus. Cenzi gibt ihr Fahrrad als Gepäckstück auf. Radmitnahme ist nach langjährigen Interventionen von Fahrradvereinen und Radreisenden Status quo, einheitliche Regelungen der Eisenbahncompanien fehlen aber noch. Cenzi wickelt zum Schutz

ihrer Rennmaschine Tücher um Kurbel, Tretlager und Kettenblatt. Die Zugfahrt nach Triest dauert über zehn Stunden. Nach dem Damenfahren auf 1609 Meter steht sie mit Herma und Anna gemeinsam auf dem Podest der Trabrennbahn von Montebello. Das gemischte Mehrsitzerfahren gewinnt Herma mit dem Rennfahrer Seidl. Abends essen die Rennfahrerinnen und Rennfahrer gemeinsam Pasta und trinken Rotwein.

1897 ist Cenzis erstes richtiges Radsportjahr, ihr Rennsportkalender ist voll. Sie nimmt an so vielen Damenbewerben wie möglich teil und denkt weiter an eine Zukunft als Rennfahrerin. Es kann nur besser werden, es werden immer mehr Rennen stattfinden, auch vereinsübergreifende Damenmeisterschaften in allen Disziplinen und über immer längere Strecken. In Mödling hat ihr vielleicht sogar Statthalter Graf Kielmansegg persönlich gratuliert und seine Frau, Gräfin Kielmansegg, die oberste Schutzfrau der Radfahrerinnen Wiens, einen Blumenstrauß überreicht. Und, noch wichtiger, Cenzi wird siegen. Wäre da nicht der immer stärkere Gegenwind, er geht vom immer größer und mächtiger werdenden Dachverband, dem Bund deutscher Radfahrer Österreichs (B. d. R. Ö.), aus. In ihren Sitzungen reden die bürgerlichen Radsportfunktionäre gerne über die endgültige Abschaffung der Damenwettbewerbe. Die Funktionäre und die ihnen nahestehenden Sportjournalisten halten Damenwettfahrten für »ein jämmerliches Schauspiel«, ein Zwischenspiel, das in Zukunft »nichts auf dem Rennplatz verloren« habe. Wiewohl man manch Rennfahrerin die sportliche Leistung nicht ganz absprechen könne, sei es in Summe »sinnlose weibliche Recordsucht« und »entbehre jeder echten Sportlichkeit«. Immer vehementer interveniert der B. d. R. Ö., dem viele Vereine angehören, darunter auch

Velocitas, gegen Damenwettfahrten. Selbst Vereine, die lange dagegenhielten, richten fast keine öffentlichen Rennen mit Damenbeteiligung mehr aus, die der B. d. R. Ö. ohnehin nicht anerkennt. Lizenzpunkte zu sammeln oder Rennen zum Beruf zu machen ist somit für Radsportlerinnen unmöglich. Cenzi hofft, dass es nur vorübergehend ist. Auch bei ihr im Verein gibt es die Gestrigen, die stets dagegen sind, aber auch die Aufgeschlossenen, die für die Rennen der Frauen eintreten.

KURFÜRSTENDAMM RADRENNEN

Das 1. Internationale Damenrennen Deutschlands, im September 1898 in Berlin auf der Radrennbahn Kurfürstendamm, ist vielleicht Cenzis letzte Chance auf den Durchbruch. Zumindest ist es eine Möglichkeit, endlich an einem derartigen internationalen Rennen teilzunehmen. Cenzi hat die Monate davor kaum Gelegenheit gehabt, zu trainieren oder Rennen zu bestreiten, weil nur noch wenige ausgeschrieben werden.

In Berlin muss und will sie unbedingt dabei sein. Sie fährt als einzige Wienerin hin. Das Zugfahren ist sie mittlerweile gewohnt. Sagen wir, ein Vereinskollege von Velocitas, nennen wir ihn Hans, begleitet und unterstützt sie, er ist fortschrittlich. Vielleicht ist er auch mehr als ein Sportskamerad, und eigentlich hätten die beiden in ihrem Alter schon längst verheiratet sein sollen.

Mit oder ohne romantische Gedanken oder männlichen Support: Cenzi ist in Berlin dabei. Und mit ihr viele andere Rennfahrerinnen aus Dresden, Berlin, Brüssel, Prag und Paris. Die Konkurrenz ist groß. Sogar Mademoiselle Reillo, die sie aus der *Draisena*, ihrer Lieblingsradzeitschrift, kennt, ist unter den Starterinnen. Vielleicht sieht Cenzi auch bekannte deutsche Rennfahrerinnen wie Amelie Rother oder Clara Beyer erstmals in Persona. Cenzi freut sich auf den Tandemwettbewerb, eine ihrer Lieblingsdisziplinen. Gegenüber den französischen Fahrerinnen mit ihren engen Renntrikots und guten Ausbildungsbedingungen im Heimatland, die den Großteil der Bewerbe gewinnen, sind Cenzi und ihre Tandempartnerin nicht unbedingt im Vorteil. Manche von ihnen haben sogar Trainer. Aber egal was die Rennfahrerinnen tragen oder wie sie aussehen, Konkurrenz untereinander ist nicht das Problem. Der Wind für Rennfahrerinnen scheint sich auch hier zu drehen.

Der Teil der männlichen Journalisten, der sonst schon Frauenrennen für »die Krone allen sportlichen Blödsinns« hält, berichtet herabwürdigend oder anzüglich über die Rennfahrerinnen. Die Sittenrichter schreiben, »sie produzieren sich öffentlich in einer jeder Sitte Hohne sprechenden Weise«. »Die eine radelt in auffallendem weiten, bauschigen Kostüm in graziösen schwarzen Pumphosen, die andere strampelte in allerliebsten Kniehöschen und in einem die natürliche Form des Körpers freimütig enthüllenden Trikot-Sweater«, »während im Publikum die Herren ulkten« und »die Damen ein angenehmes Gruseln empfanden«.

Eine als Frauenrechtlerin aktive *Draisena*-Autorin schreibt unter Pseudonym über das Rennen und rückt zur Verteidigung aus:

»Bedarf der ganze Kampf nun noch weiterer Erklärung? Konkurrenzfurcht. Nieder mit den Rennfahrerinnen! Lautet die Parole der Rennfahrer und ihrer Presse ...«

Die Wiener *Draisena*-Redaktion distanziert sich in einer Anmerkung davon: »Wir bezweifeln, dass das Gebiet des Damenrennfahrens das geeignete Feld ist, auf dem die nach Befreiung ringende Frau ihren Zielen nachgehen sollte.«

Berlin, das doch eigentlich der Durchbruch sein sollte, fühlt sich für Cenzi wie das Ende an.

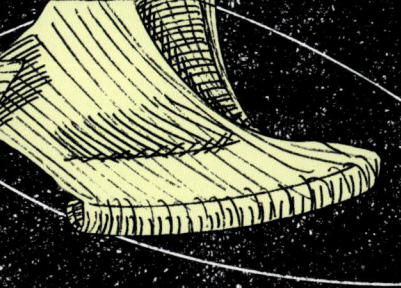

Cenzi weiß, die Freiheit, Fahrrad zu fahren, kann ihr niemand mehr nehmen, nur mit den Rennen sieht es in nächster Zeit nicht gut aus.

Cenzi fühlt sich vermutlich so gespalten wie ihre Lieblingsfahrradfachzeitschrift, die ihr eine Ausgabe zuvor noch ein Porträt gewidmet hat. Sie ist in der *Draisena* mit einer Carte-de-Visite-Aufnahme, die sie extra in einem Fotoatelier auf der Landstraße hat anfertigen lassen, abgelichtet, darunter steht: »15 Preise hat sie in ihrer kurzen, intensiven Rennzeit errungen (drei erste, vier zweite und acht dritte), bevor sie sich vom Rennsport so ziemlich zurückgezogen hat und eine stramme Tourenfahrerin geworden ist, die ihren Partner sehr oft auf der Landstraße verliert.«

Dass Cenzi und ihren Kolleginnen eigentlich

nichts anderes übrig bleibt, als sich vom Rennsport zurückzuziehen, steht darin nicht.

Die Tourenfahrten, die Cenzi mit ihrem Partner dreht, sagen wir, es ist Hans, sind ausgedehnt. Jeden Sonntag fahren sie aus und erkunden einen der neuen Radwege oder erschließen neue Gegenden mit dem Rad. Sie kehren in radfahrerfreundlichen Gaststätten ein und schreiben vielleicht sogar gemeinsam Reiseberichte über ihre Routen, die, weil Hans so modern wie Cenzi ist, in ihrer beider Namen veröffentlicht werden. Vielleicht eröffnen sie auch gemeinsam einen kleinen Fahrradhandel oder finden andere Wege, ihre Fahrradleidenschaft professionell auszuleben. Wir wollen einen Augenblick daran glauben, dass es für Cenzi ein glückliches Leben ohne Radrennen gibt.

Aber die Geschichte schreibt ein anderes Ende für sie vor.

An jenem Tag, der sich für sie als schicksalhaft erweisen soll, ist Cenzi mit einem Dreisitzerfahrrad, einem sogenannten Triplett, bei der Wiener Bellaria nahe der Ringstraße unterwegs. Cenzi stürzt! Der Unfall ereignet sich in der Nähe des Vereinscafés des Deutschen Radfahrer-Clubs. Vielleicht ist es anlässlich einer gemeinsamen Ausfahrt, vielleicht ist sie mit Clubkolleg*innen unterwegs. Wie der Unfall genau passiert? Womöglich verheddert sich ein Kleidungsstück, ist ein Automobil schuld, eine Pferdetramway, eine Unebenheit auf der Straße? Geraten die Fahrenden in die Gleise oder handelt es sich um eine Verkettung unglücklicher Bewegungsabläufe oder ein technisches Gebrechen?

Sehen die Männer sie stürzen? Ist es ein aufsehenerregender Unfall? Wir wissen nicht, wer oder was sie zu Fall bringt. Einzig, Cenzi stürzt, und mit ihr vermutlich auch die anderen auf dem Rad. Sie fällt unglücklich auf den Ellenbogen. Ihr Arm ist aufgeschürft. Sie hat sich eine tiefe Wunde geholt. Sie blutet, vielleicht ist auch etwas gebrochen. Aber halb so schlimm. Es wird schon keine Blutvergiftung werden. Sie steht wieder auf und fährt mit einer Kutsche nach Hause. Sie pausiert im Laden. Es wird schon verheilen. Vielleicht vergehen ein paar Tage oder mehr, bis ein Doktor kommt.

Cenzi liegt im Bett und hat leichtes Fieber. Die Wunde hat sich entzündet, sagt der Doktor und legt Wickel auf, um die Schwellungen zu lindern. Sie warten ab. Cenzi bekommt in Schüben Schüttelfrost. Eine Woche später sagt der Doktor, es ist Beinfraß, man müsse dringend operieren, und wenn er ehrlich sei, denke er bereits an Amputation, sonst könne er für nichts garantieren. Der Beinfraß sei zu weit fortgeschritten, der Knochen, das Gewebe, alles sei betroffen. Cenzi ist krank, bis aufs Mark. Hat Cenzi lange überlegt, wollte ihr der Vater, die Familie, Verwandte, Freundinnen, ein Verlobter zureden? Wusste sie, dass es so schlimm um sie stand? Hätten andere Frauen an ihrer Stelle einer Amputation eines Körperteils zugestimmt?

Es heißt, Cenzi zog es vor, lieber zu sterben, als sich verstümmeln zu lassen. Sie war 28 Jahre alt.

Die Zeitungen schreiben, noch am Totenbett, eine Stunde vor ihrem Tod, ließ Cenzi Flendrovsky, »die eine Renntechnik wie keine andere besaß«, sich die Fahrradzeitschriften mit den Meldungen ihrer Rennerfolge bringen.

Was manch Radsportfunktionär, Sportjournalist und Zeitgenosse über diesen Unfalltod gedacht haben mag, können wir uns vorstellen – Cenzi hat ihr Schicksal herausgefordert. Sie sei zu impulsiv und riskant gefahren, wie es sich nicht schickt für eine Frau.

Die anderen schließen sich dem Trauerzug an, der von ihrem Wohnhaus weg durch Favoriten führt, und huldigen ihr als einer in der Wiener Sportwelt »bekannten Persönlichkeit«, »die mit Leib und Seele bei ihrem Sport war«.

So wissen wir heute: Radfahren war ihre größte Leidenschaft. Egal, was irgendwelche Männer sagen.

Cenzi starb als Rennfahrerin.

CRESCENTIA
»CENZI«
FLENDROVSKY
RENNFAHRERIN
14. APRIL 1872
2. DEZEMBER 1900

PETRA STURM

Petra Sturm ist Autorin, Journalistin und Radhistorikerin und lebt in Wien. Seit über 20 Jahren legt sie den Groß-teil ihrer Strecken mit ihrem Lieblings-gefährt, dem Fahrrad, zurück und schreibt für nationale und internatio-nale Medien über Radkultur in allen Facetten. Sie forscht zu Frauen und Radfahren. Wenn sie nicht gerade den Spuren vergessener Rennradpionie-rinnen nachgeht, ist sie Schluss- und Bildredakteurin bei einer Wiener Wochenzeitung. Davor war sie u. a. Texterin und Konzeptionistin in einer Werbefirma.

CENZI (CRESCENTIA) FLENDROVSKY

(1872–1900) war eine Rennradpionierin aus Wien. In der gesellschaftspolitisch experimentellen Umbruchszeit der 1890er-Jahre nimmt sie an Rennwettbewerben in der Habsburgermonar-chie und im Ausland teil. Ihre kurze, aktive und intensive Rennphase dauert von 1897 bis 1898. 1898 tritt sie beim 1. Internationalen Damen-rennen Deutschlands in Berlin an. 1900 stirbt sie 28-jährig an den Folgen eines Fahrradunfalls nach einer Dreisitzerausfahrt. Im selben Jahr werden Damenrennen vom Bund deutscher Radfahrer Österreichs (B.d.R.Ö.) endgültig verboten. Bis 1990 finden in Österreich keine offiziellen Straßenmeisterschaften für Frauen statt.

HINWEISE

Es gibt in historischen Quellen unterschiedliche Schreibweisen von Cenzis Nachnamen (etwa Flendrofsky oder Flen-drowsky). In der vorliegenden Publikation wird Flendrovsky, jene von Tauf- und Sterbeeintrag, verwendet.
Den Illustrationen wurde, wo es möglich war, historisches Bildmaterial zugrunde gelegt.
Die Definition des Windes im Intro folgt: www.stadt-wien.at/freizeit/wetter/wind.html

IMPRESSUM

2. Auflage
© Edition Atelier, Wien 2023
www.editionatelier.at
Buchgestaltung & Illustrationen: Jorghi Poll
Druck: Grafički zavod Hrvatske, Zagreb
ISBN 978-3-99065-094-3

Gefördert von der Stadt Wien Kultur

Klimaneutral
Druckprodukt
ClimatePartner.com/17936-2305-1001

1872	14. April 1872: Cenzis Geburt
1888	1888: Der Luftreifen wird erfunden
1890	ab 1890: Das Niederrad setzt sich gegen das Hochrad durch
1892	1892: Erstes Gymnasium für Mädchen in Wien
1893	1893: Gründung des Allgemeinen Österreichischen Frauenvereins
	1893: Erster Streik von Fabrikarbeiterinnen in Wien
	1893: Erste Damenrennen Österreichs in Baden b. Wien
1894	1894: Gründung des Ersten Wiener Damen Bicycle Club
1896	1896: Erste Filmvorführungen der Gebrüder Lumière in Wien
	1896: Eröffnung der ersten Fahrradfabrik in Wien
	1896: Cenzi tritt einem Fahrradverein bei
1897	Januar–März 1897: Cenzi nimmt an Radrennen im Wiener Winter-Velodrom teil
	Januar 1897: Erste elektrische Straßenbahn (5er-Linie) in Wien
	April 1897: Die erste Frau promoviert an einer Universität Österreich-Ungarns
	April 1897: Eröffnung der Waffenradbahn (Lassallestraße)
	Mai 1897: Radfahren wird auf den Straßen Wiens allgemein erlaubt und das Rad als vollwertiges Verkehrsmittel anerkannt
	1897: Cenzi nimmt an diversen Rennen rund um Wien und in den Kronländern (Triest, Laibach ...) teil
	Juli 1897: Eröffnung des Wiener Riesenrads
1898	September 1898: Cenzi nimmt am 1. Internationalen Damenrennen Deutschlands in Berlin teil
	1898: Kaiserin Elisabeth wird von einem Anarchisten ermordet
	ab 1898: Frauenrennen werden vom Bund deutscher Radfahrer Österreichs immer vehementer bekämpft
1900	2. Dezember 1900: Cenzi stirbt an den Folgen eines Radunfalls
	1900: Frauenrennen werden in Österreich und Deutschland verboten
1902	ab 1902: Frauenrennen werden auch in Amerika und anderen Staaten verboten